Eisblumen aus Papier

Geht es Ihnen auch so? Wenn es draußen frostig wird, bekomme ich Lust auf Schnee. Zarte Flocken, die vom Himmel fallen und die Landschaft unter eine weiße Decke betten, sind doch etwas Wunderbares.

Leider kann man das Wetter aber nicht beeinflussen, und manchmal lässt der Schnee lange auf sich warten. Mit den Eisblumen aus Papier können Sie sich behelfen. Sie werden aus einem gefalteten Papierquadrat geschnitten und sind ein toller Fensterschmuck, machen sich aber auch gut auf einer Karte. Und der besondere Clou: Wenn Sie genau hinsehen, werden Sie in so manchem Eiskristall noch mehr entdecken, z. B. Herzen, Tannenbäumchen und sogar Schneemänner.

Ich wünsche Ihnen einen weißen Winter!

Die Motive lassen sich in folgende Schwierigkeitsgrade unterteilen:

●○○ einfach ●●○ etwas schwieriger ●●● anspruchsvoll

IHRE GRUNDAUSSTATTUNG

Folgende Materialien und Hilfsmittel sollten Sie zur Hand haben. Sie werden für (fast) jede Eisblume benötigt.

- Papierbogen, A4 (Falthilfe)
- Bleistift
- Zirkel
- Geodreieck
- Transparentpapier und dünner Karton
- Klebestift
- scharfe spitze Schere
- Cutter mit Schneideunterlage
- Klammerhefter

So wird's gemacht

Welche Papiere eignen sich?

Da einige Lagen aufeinander gefaltet werden und dann das Muster ausgeschnitten wird, sollten möglichst dünne Papiere verwendet werden. Geeignet sind fast alle Origamipapiere, möglichst ungemustert, die mindestens 15 cm x 15 cm groß sind. Bei einigen wenigen Motiven sollten die Papierquadrate eine Größe von mindestens 18 cm x 18 cm haben.

Schablonen anfertigen

Eine Schablone entspricht einem Sechstel eines Schneekristalls. Die Vorlage für die Schablone entweder fotokopieren oder mit Bleistift und Lineal auf Transparentpapier abpausen und dann mit dem Klebestift auf dünnen Karton kleben. Die Vorlage exakt mit Schere und/oder Cutter auf der Schneideunterlage ausschneiden. Dies ist Ihre Schablone.

Anfertigen einer Falthilfe

Einen A4-Bogen Papier in der Mitte falten (gestrichelte Linie). Mit dem Zirkel an einem Endpunkt M der gestrichelten Linie einstechen und einen Kreis mit Radius 10 cm schlagen. Am Papierrand entstehen die beiden Punkte A und B.

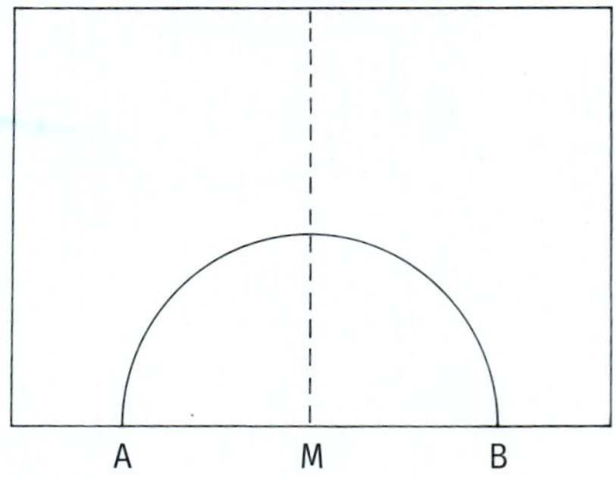

Nun in Punkt A einstechen und mit demselben Radius einen Kreis zeichnen. Er schneidet den anderen Kreis in Punkt A'. Mit Punkt B dasselbe machen.

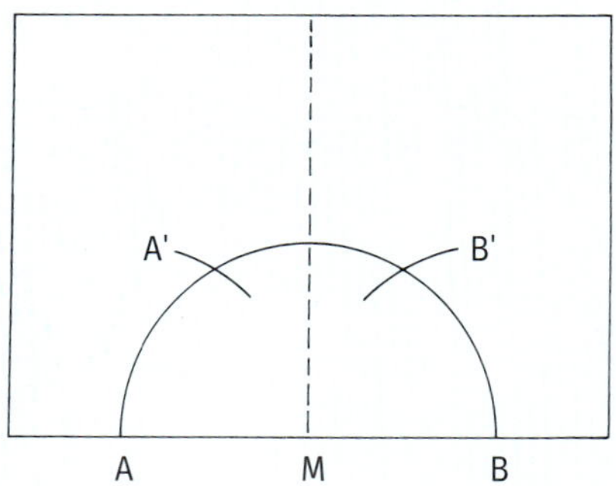

Den Punkt M mit A' und B' verbinden. Der Halbkreis ist jetzt in drei gleich große Segmente unterteilt.

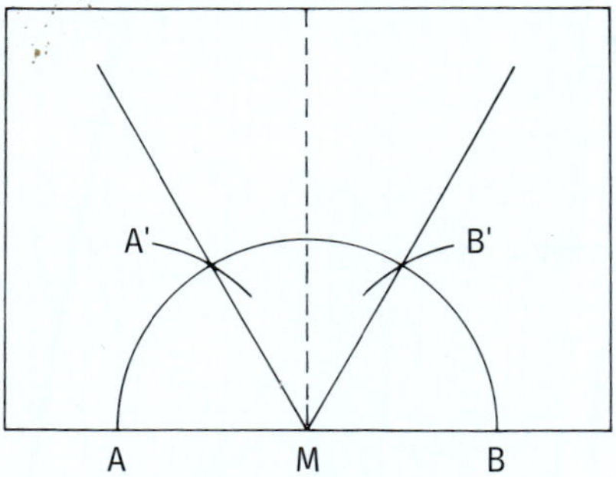

Schneekristall falten

1 Das Papierquadrat, z. B. 15 cm x 15 cm, diagonal falten und so auf die Falthilfe legen, dass die Spitze des Dreiecks auf der senkrechten Mittellinie liegt.

1

2 Die rechte Spitze des Dreiecks schräg nach links falten, so dass die Faltlinie genau an der schrägen Linie der Falthilfe anliegt.

2

3 Die linke Spitze ebenso schräg nach rechts falten.

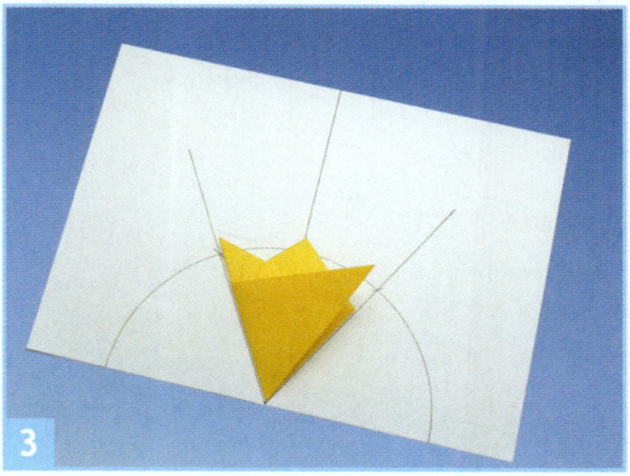

3

4 Die Schablone auflegen und den Umriss mit Bleistift nachziehen. Damit beim Ausschneiden nichts verrutscht, die Faltarbeit außerhalb des Schablonenumrisses mit einem Klammerhefter fixieren. Das zusammengefaltete Motiv kann mit einer scharfen spitzen Schere ausgeschnitten werden. Innenflächen werden mit dem Cutter auf der Schneideunterlage ausgeschnitten.

4

Eiskristalle

→ klirrend kühl

MOTIVHÖHE
ca. 15 cm, 16 cm und 17 cm

MATERIAL
- Faltblätter aus Strohseide in Weiß, Hellblau und Blau, je 19,5 cm x 19,5 cm

Glockenklang

→ passend zu Weihnachten

MOTIVHÖHE
ca. 14 cm und 15 cm

MATERIAL
- Faltblätter aus Seidenraupen-Transparentpapier in Rot, 20 cm x 20 cm (pro Motiv)

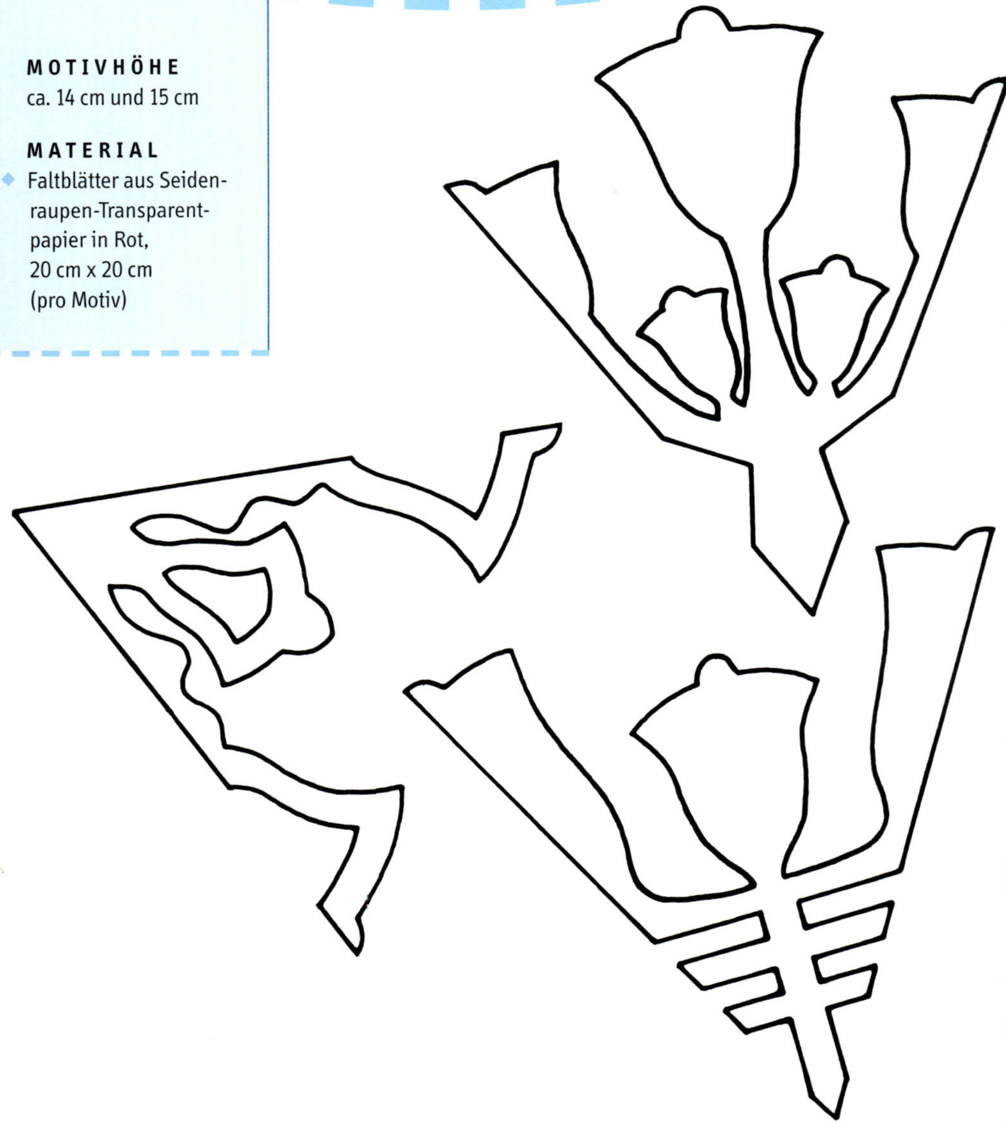

Tannenzweige

→ im Ring

MOTIVHÖHE
ca. 15 cm und 16 cm

MATERIAL
- Faltblätter aus Seidenraupen-Transparentpapier in Weiß, Hellgrün und Dunkelgrün, je 20 cm x 20 cm

Sterne, Sterne, Sterne

→ zart und fein

MOTIVHÖHE
ca. 15 cm und 16 cm

MATERIAL
- Faltblätter aus Seidenraupen-Transparentpapier in Weiß, Gelb und Orange, je 20 cm x 20 cm

Herzige Ornamente

→ auch schön auf Karten

MOTIVHÖHE
ca. 14 cm, 15,5 cm und 17 cm

MATERIAL
- Origami-Faltblätter in Rosa und Rot, je 15 cm x 15 cm oder 20 cm x 20 cm

Schneeflöckchen

→ **Weißröckchen**

MOTIVHÖHE
ca. 14 cm und 15 cm

MATERIAL
- Faltblätter aus Seidenraupen-Transparentpapier in Weiß, 20 cm x 20 cm (pro Motiv)

Herzenssache

→ für Herzdamen und -buben

MOTIVHÖHE
ca. 14 cm und 15 cm

MATERIAL
- Faltblätter aus Strohseide in Rot, 19,5 cm x 19,5 cm (pro Motiv)

Schneekristalle

→ **zieren das Fenster**

MOTIVHÖHE
ca. 17 cm

MATERIAL
- Faltblätter aus Strohseide in Weiß, Hellblau und Dunkelblau, je 19,5 cm x 19,5 cm

Schneemänner

→ tanzen Ringelreihen

MOTIVHÖHE
ca. 12 cm, 13 cm und 15 cm

MATERIAL
- Kopierpapier in Weiß, 15 cm x 15 cm (pro Motiv)

Tannenbäumchen

→ **Fensterwäldchen**

MOTIVHÖHE
ca. 14 cm und 15 cm

MATERIAL
- Origami-Faltblätter in Grüntönen, je 15 cm x 15 cm

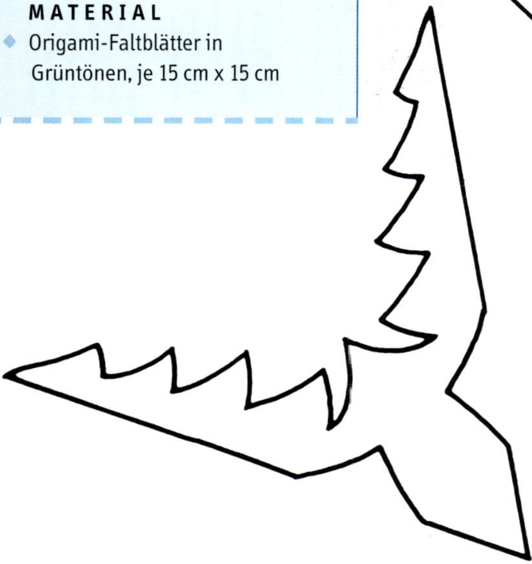

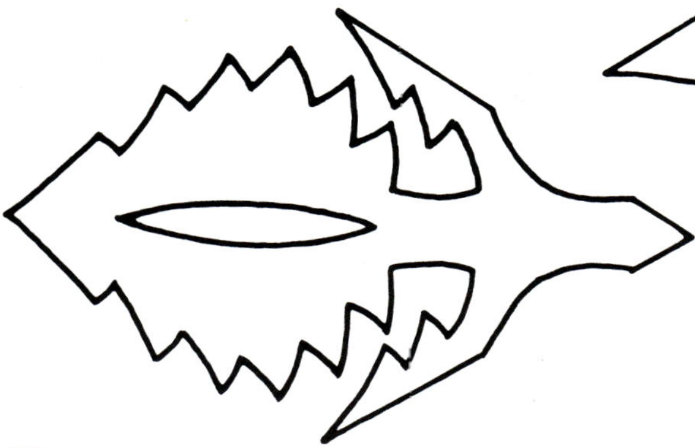

Eisblumen

→ aparter Fenstergarten

MOTIVHÖHE
ca. 15 cm

MATERIAL
- Faltblätter aus Strohseide in Hellblau, 19,5 cm x 19,5 cm (pro Motiv)

Weiße Flocken

→ schmelzen nicht

MOTIVHÖHE
ca. 14 cm und 15 cm

MATERIAL
- Faltblätter aus Strohseide in Weiß, 19,5 cm x 19,5 cm (pro Motiv)

Kristall-Ornamente

→ in Blautönen

MOTIVHÖHE
ca. 15 cm

MATERIAL
- Origami-Faltblätter in Blautönen, je 15 cm x 15 cm

Buntes Schneetreiben

→ ganz ungefährlich

MOTIVHÖHE
ca. 14 cm und 15 cm

MATERIAL
- Faltblätter aus Seidenraupen-Transparentpapier in Weiß, Gelb, Orange und Rot, je 20 cm x 20 cm

MOTIVHÖHE
ca. 14 cm und 15 cm

MATERIAL
- Faltblätter aus Strohseide in Gelb, 19,5 cm x 19,5 cm (pro Motiv)

Sternregen

→ feierlich

IMPRESSUM

FOTOS: frechverlag GmbH, 70499 Stuttgart; Fotostudio Ullrich & Co., Renningen
DRUCK: frechdruck GmbH, 70499 Stuttgart

Auflage: 5. 4. 3. 2.
Jahr: 2011 2010 2009 2008 2007 [Letzte Zahlen maßgebend]

ISBN 978-3-7724-3621-5
Best.-Nr. 3621